ज़िन्दगी- हर पल एक कोशिश

कविता संग्रह

डॉ. अधिश्री गुप्ता

Dedication

बचपन में लिखने के लिए मेरे माताजी और पिताजी ने ही प्रेरित किया है। जो भी मन के भाव रहे हैं उन सबको एक डायरी में संग्रह करने के लिए बार बार आग्रह करना और अपनी भावनाओं से रूबरू होना सब उन्ही ने सिखाया है।

पिताजी के अंतिम समय में मैं चाहती थी वो मेरी पहली पुस्तक का प्राक्कथन लिखें लेकिन उनकी तबीअत ख़राब होने की वजह से वह नहीं लिख पाए।

इसीलिए यह मेरी पहली पुस्तक "ज़िन्दगी - हर पल एक कोशिश" उनको मेरी भेंट हैं। उम्मीद करती हूँ वो जहाँ भी होंगे, मेरी इस कोशिश से गौरवांवित होंगे।

मेरे जीवन में आने वाले हर व्यक्ति का मैं धन्यवाद करती हूँ जिन्होंने मुझे कई खट्टे मीठे अनुभव दिए और जिनसे मेरी रचनाएँ प्रेरित हुई।

Preface

यह कविताएँ मेरे जीवन के हर अनुभव और भावनात्मक उतार चढ़ाव को व्यक्त करती हैं। यह कविताएँ उन अभी लोगों लिए हैं जो भावनाओं को समझते हैं और जीवन को गहराई से महसूस करते हैं। भावनाएं अनंत होती हैं और उनकी अभिव्यक्ति का कविता से सूंदर क्या माध्यम हो सकता है।

इस संग्रह में जीवन के हर पड़ाव पर महसूस की जाने वाली भावनाओं के विभिन्न रूप, उससे जुड़ी आशाएं व निराशाओं को महसूस किया जा सकता है।

मुझे उम्मीद है की यह कविताएँ आपको आपके जीवन में किसी न किसी मोड़ की याद जरूर दिलाएगी।

Acknowledgements

मैं अपने परिवार का धन्यवाद देती हूँ। मेरी छोटी बहन को धन्यवाद देना चाहती हूँ। मेरी बहन जो हमेशा मुझे सम्मान की दृष्टि से देखती है और मेरे हर काम को सराहती हैं। मेरे मित्र जो मुझे हर समय प्रोत्साहित करते हैं उनको भी मैं धन्यवाद करतीं हूँ।

मैं Bookleaf प्रकाशन का धन्यवाद देती हूँ जिन्होने नए लेखकों को मौका दिया और उनकी पहली पुस्तक हमेशा उनके लिए यादगार बना दी।

बाज़ार

यह बाज़ार बहुत पुराना है,
इस बाज़ार में सब कुछ बिकता है।
बरसों पहले खिलौने बिका करते थे,
आज रईसी बचपन बिका करता है।

कभी जहां रंग-बिरंगे रंग बिकते थे,
आज वहां रंगे हुए चेहरे और नकाब बिकते हैं।
बिकते थे कपड़े कभी,
आज लिबास ए रूह, ईमान और ज़मीर बिका करता है।

दूर बाज़ार के नुक्कड़ पर,
जहां आस्था के फूल बिका करते थे,
आज उसी कूचे पर डरी सहमी इबादत बेची जाती है।

हाल ही में कुछ नया सामान भी बिकने लगा है इस बाज़ार में,
सालों पहले जो खुशी और गम ए रिश्ता जुड़ता था,
आज वही हसीन रिश्ते, बिक रहे हैं दुकानों में।

खरीददारों की भी कमी कहाँ है बाज़ार में,
खरीदने वाले हवा पानी भी खरीद रहे हैं

और बेचने वाले, हवा पानी बेच भी रहें हैं
गुब्बारों और बोतलों में भर कर इस बाज़ार में।।
...... अधि

बस यूँही

रुक जाए यह पल तुम्हारे साथ यूँही,
पता नहीं फिर कभी तुम साथ हो न हो।

मेरी हर ख़ुशी तुम्हारे होंठों से मुस्कुराएं यूँही,
तुम्हारा हर गम मेरी पलकों को छु जाए बस यूँहीं,
हो जाऊं मैं तुम्हारी आदतों सी बस यूँही,
ख़ुद को तुम्हारी आँखों से देखूं बस यूँही,
तुम्हारी हर बात बिन बोले समझलूँ बस यूँही,
मेरे हाथों में तुम अपनी लकीरें देखो यूँही,
तुम्हारी दुनिया में अपना नाम देखूं बस यूँही,
ठहर जाए यह पल बस यूँही,
जी लूँ सारी ज़िन्दगी तुम्हारे साथ इस पल में बस यूँही
......अधि

यकीन

तुम्हारे आने का यकीन कैसे करूँ?
हर किसी को छोड़कर जाते ही देखा हैं हमने,
मेरी इतनी परवाह हैं तुम्हें, इस बात पर एतबार कैसे करूँ?
ख़ुद को हर वक्त आजमाइशों में ही देखा है हमने।

हर वक्त, हर लम्हा, तुम्हें अपने साथ पाया है हमने,
इस एहसास पर यकीन कैसे करूँ?
अपनी परछाई को भी छोड़ते देखा है हमने।

तुम्हारे यकीन पर यकीन कैसे करूँ,
समय के साथ यकीन बदलते देखा है हमने।
......अधि

कभी कभी

कभी कभी यूँही बस नोकझोंक भी जरुरी है,

कभी कभी यूँही बस छेड़खानी भी जरुरी है,

कभी कभी यूँही बस नज़रअंदाज़ कर देना भी जरुरी है,

कभी कभी यूँही बस रूठना, मनाना भी जरुरी है,

कभी कभी यूँही बस रिझाना भी जरुरी है।

कभी कभी दूर से उस ओर टकटकी लगाए,

बस यूँही देखना भी जरुरी है,

कभी कभी किसी आहट पर,

यूँही बस दरवाज़े की ओर देखना भी जरुरी है,

कभी कभी पास आती आवाज़ से बढ़ती बेचैनी भी जरुरी है।

कभी कभी यूँही बस खाली बैठे मुस्कुराना भी जरुरी है,

कभी कभी यूँही बस ख़ुशी से आँखों का नम हो जाना भी जरुरी है,

कभी कभी यूँही बस नज़रों का झुक जाना भी जरुरी है।

कभी कभी यूँही बस ऊपर देखकर बेवजह मुस्कुराना भी जरुरी है,

कभी कभी यूँही बस अचानक हाथ पकड़ लेना भी जरुरी है,

कभी कभी यूँही बस हाथ पकड़कर अपनी ओर खींच लेना भी जरुरी

है,

कभी कभी यूँही बस कुछ बातों का बिन बोले एहसास हो जाना भी जरुरी है।

......अधि

असमंजस

ज़िन्दगी एक कशमकश ही तो है,
कशमकश कुछ ऐसी की,
सफर पर चले तो हमसफ़र पास नहीं,
हमसफ़र साथ चले तो मंज़िल छूट जाए।

रुकते तो बिखर जाते,
चलते तो बिछड़ जाते।

असमंजस ही तो था जो महोब्बत का पता लगाने चले थे,
फटी जेब और बदसूरत से हम,
निकले थे महोब्बत ढूंढने,
खूबसूरत से दिल को हथेली पर लिए।
दिल न जाने कहाँ लापता हुआ पर,
महोब्बत जरूर भरी जेबों और हुस्न के पते पर खड़ी मिली।

असमंजस ही तो था की,
आँखों में नींद नहीं सपने सजे थे,
और आज ना नींद है ना ख्वाब ही पुरे हुए।

शायद ऊपर वाला भी इसी कशमकश के दौर से गुज़रता होगा,

तभी तो हुनर गली महोल्ले में दिखता है,
क्यूंकि राज घरानों में तो तख़दीर राज़ करती है।कश्मकश ही तो है की,
जहाँ जलने के लिए आपकी सफलता ही काफी है,
वहां ज़िन्दगी के कुछ किस्से ऐसे भी हैं की,
बेशक लड़ते झगड़ते गुज़रती हो उनके साथ,
लेकिन हमारे चेहरे की रौनक उनकी इन्ही नोक झोंक से है

ज़िन्दगी की इसी उधेड़बून मज़ा बस इसीलिए लिए जा रहे है,
क्यूंकि जितना भी हमे मिला है ज़िंदगी से,
बहुतों को उससे भी महरूम रखा है जिंदगी ने।
......अधि

ख्वाब

ख्वाब था टूट गया,
छोटी सी आशा थी टूट गई,
पहली बार शायद कुछ गिला है।

अब तक तो सिर्फ प्यार था, पर अब शिकायत भी है,
अब तक तो सिर्फ देना ही सीखा था, पर अब रंजिशें ली भी है।
अब तक सिर्फ ख़ुशी चाही थी पर अब, माथे की सिलवटें भी चाहिए,
अब तक सिर्फ दुआ की थी,
पर अब दरख्वास्त है।
अब तक ताउम्र मांगी थी साथ,
पर अब आस है एक लम्हें की,
लम्हा जो ठहर जाए जीवन भर के लिए,
पर,
न रुकने दे उसके मन की उद्विग्नता,
न थमने दे उसकी वेदना का ज्वार,
न ठंडा होने दे पश्चाताप की अग्नि को,
पहली बार कुछ गिला है, और शायद आखिरी बार कोई आस,
उससे, उस वीराने से, धुंधली होती उसकी परछाई से।
......अधि

साथ

इस ज़िंदगी को जीने के लिए,
किसी और की ज़िन्दगी का साथ जरुरी तो नहीं,
इस ज़िन्दगी को जीना इतना मुश्किल तो नहीं।
क्यों नई भेजा फिर दो ज़िन्दगियों को साथ,
साथ से जुड़ी आदत बना देती हैं मोहताज़, एक दूसरे की,
और आदतें अक्सर बिगाड़ दिया करती हैं।

शायद ज़िन्दगी को नहीं, मन को चाहिए साथ,
और मन तो बांवरा है,कुछ भी कहता है, कुछ भी चाहता है,
वो क्या जाने,
दो मन एक हों, ऐसा कहाँ होता है,
ऐसे का साथ जो मन से जुड़े, ऐसा कहाँ होता हैं।
फिर भी समझते हैं,
ज़िन्दगी को ज़िन्दगी की जरुरत है,
एक अकेले को, एक और अकेले के साथ की जरुरत है।

साथ उसका लो जो हर आगे पीछे होते क़दमों का साथ दें,
अपने कदम डगमगाए तो साथ दे,
गर, उसके पीछे रह जाये कदम तो साथ ले।
क्यूंकि,

साथ देना ही नहीं, साथ लेना भी तो साथ है।

कुछ बेईमानी सा लगता है मन का,
किसी और के साथ का चाहना,
अपने क़दमों पे इतना भरोसा रख,
पीछे न रहने देगा तुझे,
तेरा हर आगे बढ़ता कदम,
तेरे पिछले कदम को।
जरुरत ज़िन्दगी को खुद के साथ की है,
बस, दे तू अपना साथ,
क्यूंकि, आदत तेरे मन को आखिर तेरी ही है।
......अधि

महसूस

क्यों कहते हैं लोग, गर दिल से चाहो तो कुछ नामुमकिन नहीं,
तबीयत से पत्थर तो उछालो यारों, आसमां में छेद तक हो जाते हैं।

गर, सच है ये, तो जैसा चाहो वैसा क्यों नई होता,
किन ख़्वाइशों को,
उनकी मज़िल नहीं मिलती।

क्यों न पूरा हुआ वो अरमां जो बन गया था,
ज़िन्दगी की बस एक ही ख़्वाइश।
ख़ुदा तू न सही,ए हवा तू तो वहां भी जाएगी,
तू ही लेजा मेरा पैगाम, मेरी मौजूदगी वहां,
चाँद, दिखाई तो तू भी देगा न वहां,
बन जाना मेरी परछाई।

एक बार ही सही, महसूस तो करा सकूँ, अपनी मौजूदगी वहां,
कर सकती यादें, स्पर्श महसूस यहाँ,
जो यहाँ होकर भी यहाँ नहीं हैं।

यकीन है मुझे, दिल का एक कौन अभी भी मेरा ही है,
रफ़्तार भरी ज़िन्दगी में,

मन की आशाओं, आकांक्षाओं की उड़ानों में,
अभी भी एक शांत अफसाना मेरा ही है,
उम्मीद अभी भी मेरी ही है।
......अधि

ज़िन्दगी

ख़ामोश सा अफसाना हो,
शांत दिल की ख्वाइश हो,
चंचल मन की चाहत हो,
चुलबुले से चेहरे की हँसी हो,
सुनी आँखों का सपना हो,
मेरा हर शब्द,
सुनी अनसुनी कहानी हो।

इससे ज्यादा क्या कहूं,
बस तुम हो तो मैं हूँ,
जीती हूँ, तुमको अपनी ज़िन्दगी समझकर।
इसीलिए ही,
तुम्हारे वज़ूद में अपना अस्तित्व समझती हूँ,
तुम्हारी ज़िन्दगी को अपना अंश मानती हूँ,
तुम्हारे बिना जीना, जीना नहीं, रहना है,
खुश हो तुम गर किसी के भी साथ, तो सच मानों,
ज़िन्दगी मेरी हमेशा दुआ ही करेगी, क्यूंकि,
ज़िन्दगी मेरी तुम ही हो।
......अधि

उम्मीद

ज़िन्दगी की कशमकश ने,
उम्मीद का रिश्ता भी छुड़वा दिया,
अब किसी और से क्या गिला करेंगे।

रिश्तों के तानेबाने में उलझे रहे,
तन्हाईओं की फ़िक्र ही कहाँ थी,
आज तन्हाई ने जब ढूंढ ही लिया हमें,
हम इसे भी अपना न सके।

दुनिया की फ़िक्र, डर था ही कब,
जग से बगावत जो कर चले थे,
साथ लेने हाथ बढ़ाया जब,
और मुड़े पीछे
तो दुनिया ही छूट गई थी।

काँटों पर चलकर मंज़िल तक जाना सीखा था,
मंज़िल तक पहुंचे तो मंज़िल ही बदल चुकी थी,
अब किसी से क्या गिला करेंगे
जब रिश्ता ए उम्मीद ही टूट गया।
......अधि

अब वो बात नहीं

कोई बात तो होगी न,

जो पहले जैसी बात नहीं,

कुछ तो होगा न,

जो हम साथ हो कर भी साथ नहीं,

कोई तो वजह होगी न,

की हमारे बीच वो गरमाहट नहीं,

कहीं, कुछ तो ग़लत है न,

जो 'मैं' और 'तुम' से 'हम' नहीं।

क्या सच में सब बदल गया है,

क्या सच में तुम बदल गए हो,

बस यूँ तो नहीं,

सब बातें बेकार की हो जाती हैं,

साथ समय बिताना समय बेकार करना हो जाता है।

क्यों नहीं समझ पा रही मैं,

क्यों नहीं पहले जैसा सब,

क्यों नहीं है वो ख़ुशी, वो मुस्कराहट,

शायद कहीं कोई तो बात है हमारे बीच,

जो सब पहले जैसा नहीं,

जो अब वो बात नहीं।

......अधि

प्रीती

समय को रोके ये बस में न था,
और हम रुक जाएं यह समय को मंज़ूर न था।
हाथों से हाथ ऐसे छूटे की हथेली पर,
बस स्पर्श का एहसास था,
रुक कर, पीछे मुड़े तो परछाई का आभास ही बचा था।
समय यूँ ही चलता जा रहा था,
और, कारवां आगे बढ़ता जा रहा था।

दोस्ती, प्यार, स्नेह सब झूट तो नहीं,
अगर, मोह भ्रम हैं तो सुदामा की प्रीती ब्रह्म को न रुलाती,
सिया का वियोग, मर्यादा पुरुषोत्तम को विहल न कर देता।
जिससे स्वयं ब्रह्म न बच सके,
जीवन की सच्चाई हैं ये प्रीती,
युग युग से चली आ रही हैं यह स्नेह वियोग की रीति।
......अधि

कभी कभी सोचा करते हैं

कभी कभी सोचा करते हैं,
जाने कितना प्यार किया होगा और कितना हैं बाकि,
की नफरत भी नहीं कर पाते।

जाने कितनी आदतों से रहे होंगे की,
बुरी आदत समझकर भी अलग नहीं कर पाते।

जाने कितनी शिद्दतों से चाहा होगा की,
लगन आज भी लगा कर बैठे हैं।

कभी कभी सोचा करते हैं,
जाने कितना जिया होगा तुमको की,
तुम्हारे बिना जीना छोड़ भी नहीं पाते हैं।

.......अधि

तो ही सही है

कुछ तारों को न ही छेड़ा जाए तो सही है,

कुछ तन्हाईओं का तन्हा रहना ही सही है,

कुछ परछाइओं का ना ही पहचाना जाये तो ही सही है,

कुछ उलझनों को न ही सुलझाया जाए तो सही है,

कुछ सपनों का अधूरा रह जाना ही सही है,

कुछ लकीरों का सीधा ना होना ही सही है,

कुछ खमोशिओं का खामोश रह जाना ही सही है,

कुछ दूरिओं का नज़दीकिओं में ना बदलतना ही सही है,

कुछ ना समझियों को ना समझना ही सही है,

कुछ दर्द हमेशा बने रहें तो ही सही है।

कुछ रातों की सुबह ना होना ही ठीक है,

कुछ सपने बंद आँखों से ही देखें जाए तो ठीक है,

कुछ भूली बातों का भूल जाना ही ठीक है,

कुछ मज़बूरियां यूँ ही बानी रहे तो ठीक है,

कभी कभी रूठी हुई, अनजान सी ज़िन्दगी का,

अनजान सफर ही ठीक है,

जानी पहचानी सी राहें, विश्वास से भरी निगाहें,

अक्सर गुमराह कर देती हैं, इसीलिए,

ज़िन्दगी का अनभिज्ञ, अपरिचित रहना ही ठीक है।

......अधि

अकेले

मैं बैठी थी समुन्द्र के किनारे,
पास में थे मेरे सपने,
मेरी आशाएं और मेरा लक्ष्य।
अभी कुछ कदम चले ही थे,
की अचानक छा गया अंधकार,
छा गई काली घटाएं,
मेरी इच्छाओं की।

पीछे हटना ना सीखा था,
इसीलिए डटी रही उन राहों पर।
पर यह क्या,
मेरे कदम डगमगाने लगे थे,
मेरा मन, इच्छाओं के भंवर में फंसने लगा था।
तभी दूर से,
उगते हुए सूरज की पहली किरण पड़ी,पड़ी किरण मेरे ज्ञान की,
अंत हुआ अन्धकार का,
भाग खड़ी हुई काली घटाएं,और मेरे मुँह से निकला,
' तमसो मा ज्योतिर्गमय'।
......अधि

निराशा

बैठी थी सब दरवाज़े, सब खिड़कियाँ बंद करकेलिए मन में आस,
शायद कोई आवाज़ दे जाए कहीं से।
हर जगह हाथ पैर मारे थे,
पर क्या हुआ,
हर जगह निराशा ही मिली।
सोचा,
क्या पता निराशा की आशा ही कुछ आशा दिखाए,
एक ढांढस बंधा ही था,
फिर लगा,
जैसे मन की स्थिरता, चंचलता की ओर प्रवेश कर रही है,
उठ खड़े होने की चाह से,
पैर सहारा दे ही रहे थे,
पर वो भी डगमगाने से लगे हैं।

काफी सोचा, निश्चय, अनिश्चय का भंवर रुकने को है,
भगवान् को याद करते हुए सोचा था,
अगर सही हो तुम, तो इतना डरना क्यों,
जब अपने सब साथ हैं तो फिर डर किस बात का,
हम सही हैं तो किस्से और क्यों डरें,
क्यों नहीं होगी हमारी जीत,

आज नहीं तो कल ही सही।

आखिर, निराशा में ही तो आशा है,
अस्थिरता का वजूद ही स्थिरता से है,
और फिर, अनिश्चय ही तो निश्चय की पहली सीढ़ी है।
......अधि

झूठ

सुना है, विश्वास तो अँधा ही होता है,
आंखें खोल कर तो व्यापार होता है।

भले ही मन का भेद ना खोलो, आँखें पढ़ना जानते हैं हम
"अश्वथामा हतो" जैसे मासूम झूठ से,
रथ तक झुक गया युधिष्टर का,
चलो छोड़ो, सब किताबी बातें हैं,
किसने पढ़ी और क्यों पढाई हैं।

भरोसा और भेद आसान नही कमाना,
इसीलिए अभी भी कुछ हिचकिचाहट है शायद उन अधरों पे,
उलझनें और मुश्किलें,नहीं बढ़ाना चाहते,
इसीलिए मेरा चले जाना ही ठीक है।

इसी उम्मीद में की मझसे बेहतर लोग होगें वो,
और आगे मिलेंगे भी,
जिनपे बेखौफ यकीन और भेद ज़ाहिर कर सको,
इतना की आँखें बंद कर सको अपनी।
......अधि

पहले जैसा

सब कुछ पहले जैसे ही रहता है,
किसी के चले जाने के बाद भी।
सूरज उगना नहीं छोड़ता,
चांद निकलना बंद नहीं करता,
सूरज की गरमी कम नहीं होती,
ना चांद की चांदनी।
तारों की बारात,
पेड़ों की छाव,
गुलाब की ख़ुशबू,
हवा का बहना,
बादलों का गरजना,
बूंदों का बरसना,
गीली मिट्टी की सौंधी महक,
देखो, सब वैसे ही तो है।

ना नींद से भरी पलको का धीमे से बंद हो जाना,
ना पानी की प्यास से गला सूखना,
ना भूक से पेट की ऐठन,
ना सांसो का चलना,
कुछ भी तो नहीं रुका।

देखो, यह
घड़ी की सूइयां,
वो भी तो चल रही हैं।
वो बोल रहा था मैं सुन रही थी,
सच ही तो के रहा हैं,सब कुछ तो पहले ही जैसा है।

चलते चलते पूछने लगा कि "तुम कुछ नहीं कहोगी?"
मैने कहा बस इतना बता दो कि "इतने साल बाद लौट कर तुम मुझे
यही बताने यहां आए?"
......अधि

19. कैसे कह दूं

कैसे कह दूं कि हमारी बनती ना थी,
मैने उसकी बात मानी थी,
तो एक बात उसने भी तो मेरी मानी थी।

उसे इश्क़ नहीं करना था,
मुझे इस शर्त पर दोस्ती नहीं रखनी थी।

शायद बोझ लगता था उसे इश्क़ निभाना,
और साथ रहना मतलब का सौदा।
उसे सौदे से वफा थी
मुझे उसकी वफा से वफा की उम्मीद।

कैसे कह दूं की उसे मेरी परवाह नहीं थी,
बिना किसी सवाल के मेरी 'ना' को इतनी शिद्दत से
आज भी निभा रहा है वो।

कैसे कह दूं की बेवफा था वो
नीबाहने की बात तो कभी कहीं ही नहीं थी,
वायदे ही तो किए थे।

कैसे कह दूं कि वो इश्क़ नहीं था,
मेरी ख़ामोशी भी उसे रुला गई थी।।
......अधि

कौन

गर मैं रूठा,
और तुम भी रुठ गए,
फिर मनाएगा कौन?

आज दरार है,
कल खाई होगी,
फिर ये खालीपन भरेगा कौन?

मैं भी चुप,
तुम भी चुप,
फिर चुप्पी तोड़ेगा कौन?

एक अहम् मेरे भीतर भी
एक अहम तुम्हारे भीतर भी,
फिर इस अहम को हराएगा कौन?

छोटी बात को लगा लोगे दिल सें,
तो फिर रिश्ता निभाएगा कौन?

बिछड़ कर दुःखी मैं भी,

और तुम भी होंगे,
फिर पहले हाथ बढाएगा कौन?
......अधि

काश

काश तुम ये समझ पाते कि,
इस "काश" से रोज़ कितना लड़ते हैं हम।
काश मैं समझ पाती,
तुम्हारे काश की कशमकश को,
तो काश ये हुआ ही न होता।

रूह को समझना भी ज़रूरी है,
सिर्फ हाथ थामना ही काफ़ी नहीं,
तभी शायद आज लोग रिश्ते छोड़ सकते हैं
ज़िद नही।

आँखें यू ही नहीं किसी की भी कहानी से भर आती हैं,
अपनी ही दास्तां याद करके आँसू बहाते हैं लोग,
दुनिया भुला चुकी थी तुम को,
दुनिया भूल चुकी है मुझ को,
मैं अब भी वहीं खड़ी सोच रही थी तुम को,
मौन, निस्तब्ध, निरुत्तर।
......अधि

जान अभी है बाकी

जिंदगी भी सिखाये चली जा रही है,
जैसे जिंदगी को जीने के लिए एक और जिंदगी अभी बाकी है।
जब भी सोचा कि इससे काली रात सम्भव नहीं,
अंधेरे ने समझा, शायद चुनौती दे दी हमने।

हर चोट को नजरअंदाज क्या किया,
कि, गिरने और सम्भलने का सिलसिला रुकता ही नही।
हर दर्द को क्या सह गए,
लगा पत्थर से हो गए हैं।
लेकिन,
दिल ने बता दिया कि अभी बाकी है कसर पत्थर सा होने में।
इतने बहने के बाद यही समझा था कि अब पानी नहीं इन आँखों में,
लेकिन गुस्ताखी थी हमारी, अब भी नम होने की फितरत जाती नहीं
इनकी।

थक गए थे मुश्किल रास्तों पर कई बार चल कर,
पर शायद, कठिन मंजिल को पता है की,
जान अभी है बाकी।
......अधि

जिंदगी-हर पल एक कोशिश

जिंदगी हमेशा खुद की तलाश करती है,
खुद की पहचान बनाना चाहती है,
तभी तो इतने इम्तिहां लेती है।

हम हमेशा जिंदगी को हल्के में ले लेते हैं
पर जिंदगी याद दिला देती है कि,
मुझे हल्के में लेना तुमको भारी पड़ेगा।

हर पल खुल कर जीना चाहते हैं हम,
लेकिन इतने बंधनों के साथ,
इतनी शर्तों के साथ।

पूरी दुनिया भरोसे के लायक नहीं है कहकर,
साबित कर कर देते हैं कि खुद पर कितना अविश्वास है।

लोगों का साथ ढूँढते ढूँढते हम,
अक्सर अपने आप का ही साथ देना भूल जाते है,
और फिर कहते हैं कि अकेले हैं हम।

बाहर के शोर में इतने उलझे रहते हैं कि,

अंदर की आवाज़ ही नही सुनते,
फिर कहते हैं मेरी कोई सुनता नहीं।

नहीं जिंदगी असान नहीं है,
लेकिन एक बार "जी" कर जरूर देखनी चाहिऐ,
क्यूंकि ये आपको आपसे मिलावती है,
और यह अनुभव अविस्मरणीय है।
......अधि

शुक्रिया

किन शब्दों में शुक्रिया कहुं आपको,
कुछ एहसास बिन बोले ही समझे जाते हैं,
मेले हो जाया करते हैं अक्सर शब्द,
अपनी हकीकत बयान करते करते।

कहते हैं जो लोग रोज़ अपनी दुआओं में आपको रखते हैं,
वो अक्सर खुद ही आपकी ख़ामोशी समझ लिया करते हैं।

अपनी हकीकत बयान करना भी जरूरी होता है,
क्यूंकि कई बार सिर्फ ख़ामोश सहारा नहीं,
शब्दों का मरहम भी जरूरी होता है।

गर, अहम है कोई तो
बार बार जताना भी जरूरी होता है,
रुठ कर मनाना भी जरूरी होता है,
बेवजह यू ही, बार बार हक जताना भी जरूरी होता है।
यह अना या अहम नहीं,
ये शुक्रिया अदा करने का तरीका है
की ज़िंदगी में कोई खास है।
......अधि